BEI GRIN MACHT SICH IHR WISSEN BEZAHLT

AF130538

- Wir veröffentlichen Ihre Hausarbeit, Bachelor- und Masterarbeit

- Ihr eigenes eBook und Buch - weltweit in allen wichtigen Shops

- Verdienen Sie an jedem Verkauf

Jetzt bei www.GRIN.com hochladen und kostenlos publizieren

User Experience- und Usability-Analyse der Shpock-App

Vincent Herkert

Bibliografische Information der Deutschen Nationalbibliothek:

Die Deutsche Nationalbibliothek verzeichnet diese Publikation in der Deutschen Nationalbibliografie; detaillierte bibliografische Daten sind im Internet über http://dnb.d-nb.de abrufbar.

ISBN: 9783389018316
Dieses Buch ist auch als E-Book erhältlich.

© GRIN Publishing GmbH
Trappentreustraße 1
80339 München

Druck und Bindung: Books on Demand GmbH, Norderstedt Germany
Gedruckt auf säurefreiem Papier aus verantwortungsvollen Quellen

Das vorliegende Werk wurde sorgfältig erarbeitet. Dennoch übernehmen Autoren und Verlag für die Richtigkeit von Angaben, Hinweisen, Links und Ratschlägen sowie eventuelle Druckfehler keine Haftung.

Das Buch bei GRIN: https://www.grin.com/document/1470100

Hochschule Fresenius

Fachbereich Wirtschaft & Medien

Studiengang: Digitales Management & Leadership

Studienort: Hamburg

Hausarbeit

User Experience- & Usability Analyse der App
Shpock

Vincent Herkert

3. Fachsemester

Fach: Grundlagen der Human-Computer Interaction / Interface

Abgabedatum: 19.02.2024

I Inhaltsverzeichnis

II. Abbildungsverzeichnis

1 Einleitung

In einer Ära, in der digitale Technologien einen unverzichtbaren Platz in unserem Alltag einnehmen, sind mobile Anwendungen zu einem integralen Bestandteil des Handels geworden. Insbesondere der Online-Marktplatzsektor erfährt ein exponentielles Wachstum, da Verbraucher zunehmend auf bequeme und benutzerfreundliche Plattformen zurückgreifen, um Produkte zu kaufen und zu verkaufen. In diesem Kontext rückt die Human-Computer Interaction (HCI) mit Konzepten der User Experience (UX) und Usability in den Mittelpunkt, da sie maßgeblich darüber entscheiden, ob eine Anwendung erfolgreich ist oder nicht. Die Gewährleistung einer nahtlosen Interaktion zwischen Benutzer und Anwendung sowie die Erfüllung der Bedürfnisse und Erwartungen der Benutzer sind von entscheidender Bedeutung für den Erfolg einer Marktplatz-App. Eine gründliche Analyse und Evaluierung dieser Aspekte sind unerlässlich, um Schwachstellen zu identifizieren, Optimierungspotenziale aufzudecken und letztendlich eine herausragende Benutzererfahrung zu gewährleisten.

Bis hierhin wurde die Einleitung durch den Chatbot *ChatGPT* formuliert, der durch den Einsatz von ‚Maschinellem Lernen‘ und ‚Künstlicher Intelligenz‘ in Echtzeit Texte schreibt und Fragen beantwortet.

In diesem Kontext untersucht die vorliegende Arbeit die Marktplatz-App *Shpock*. Im Fokus stehen dabei die User Experience und Usability des Such- und Kaufprozesses eines Interessenten auf der Plattform. Dazu wird das zweite Kapitel die Grundlagen der Human-Computer Interaction erläutern. Es wird auf die Ziele der User Experience und der Usability einer App sowie der Designprinzipien eingegangen, um ein umfassendes Verständnis hinsichtlich der HCI-Analyse in Abschnitt drei sicherzustellen. In diesem wird die ausgewählte Applikation in Bezug auf die beschriebene Interaktion untersucht sowie Optimierungen und dazugehörige Testing-Szenarios entwickelt. Im abschließenden Fazit werden die Erkenntnisse der Analyse konkludiert und kritisch beleuchtet.

2 Grundlagen der HCI

Bei der Entwicklung und Optimierung interaktiver Produkte ist es unabdinglich, das Hauptziel der Nutzer zu identifizieren. Um diesen Prozess zu vereinfachen, werden User Experience- und Usability Ziele voneinander abgegrenzt. Im ursprünglichen Sinn zielen User Experience-Ziele darauf ab, die Natur des Nutzererlebnisses zu unterstreichen, während Usability-Ziele die Erfüllung spezieller Benutzungs-Kriterien beinhaltet.[1] Die Designprinzipien dienen als Leitlinie für Interaction Designer bei der Entwicklung und Gestaltung der Interaktionen zwischen Anwendung und Nutzer.[2] Diese drei Konzepte werden im folgenden näher ausgeführt.

2.1 User Experience-Ziele

Im Interaction Design findet sich ein breites Spektrum von Zielen einer User-Experience, welche wiederum die vielen verschiedenen Emotionen und Erfahrungen eines Nutzers abdecken. Wie die Abbildung 1 zeigt, umfassen diese sowohl wünschenswerte Aspekte (desirable aspects), als auch unerwünschte Aspekte (undesirable aspects).[3]

Desirable aspects		
Satisfying	Helpful	Fun
Enjoyable	Motivating	Provocative
Engaging	Challenging	Surprising
Pleasurable	Enhancing sociability	Rewarding
Exciting	Supporting creativity	Emotionally fulfilling
Entertaining	Cognitively stimulating	Experiencing flow
Undesirable aspects		
Boring	Unpleasant	Creepy
Frustrating	Patronizing	Intrusive
Making one feel guilty	Making one feel stupid	Invasive
Annoying	Cutesy	Deceptive
Childish	Gimmicky	Annoying

Abbildung 1: Ziele einer User Experience
(Quelle: Rogers/Sharp/Preece [2005], S. 23.)

Zu den desirable aspects als wichtige Komponenten der User Experience zählen unter anderem die Erzeugung von Freude, Motivation, Befriedigung, Aufregung und eines Flows sowie die Schaffung von kognitiver Stimulation und Überraschung. User sollen beispielsweise auch emotionale Erfüllung erleben, in ihrer Kreativität gefördert und Hilfestellung und Unterhaltung erhalten. Als unerwünschte Aspekte der User Experience können beispielsweise das Erzeugen von Langeweile, Ärger, Frustration sowie invasiver oder unheimlicher Erfahrungen gesehen werden. Auch das Gefühl von Aufdringlichkeit,

---

[1] Vgl. Rogers/Sharp/Preece [2005], S. 20.
[2] Vgl. Rogers/Sharp/Preece [2005], S. 27.
[3] Vgl. Rogers/Sharp/Preece [2005], S. 23.

Dummheit, Täuschung und kitschige oder kindische Eindrücke sind negativ zu bewerten. Viele dieser unerwünschten und erwünschten Aspekte sind subjektiv zu betrachten und sind darauf ausgerichtet, inwiefern die individuelle Wahrnehmung des Nutzers bei dessen Interaktion mit einem Produkt beeinflusst wird. Demnach steht das Erleben aus der Perspektive des Nutzers im Vordergrund. Die Usability-Ziele im Human-Computer Interaction Design sind mehr objektiver Natur und sind auf die Nutzbarkeit einer Anwendung gerichtet.[4] User Experience und Interaction Designer werden durch die Auswahl von Begriffen, welche verschiedene Emotionen und Gefühle bei der Nutzung eines Produkts benennen, dabei unterstützt, die ständig veränderte Natur der User Experience zu erschließen. Mit der Identifikation jener Faktoren, die zu einem ansprechenden Nutzererlebnis führen, können diese Konzepte ergänzt und verfeinert werden. Dies beinhaltet die Aspekte wie Interaktivität, bewusste sowie unbewusste Kontrolle, Geschwindigkeit, Aufmerksamkeit, Erzählstil und den „Flow" als Zustand. Dabei haben selbst minimale Interaktionen an der Benutzeroberfläche einen das Potenzial, großen Einfluss auf die Qualität der User Experience auszuüben.[5]

2.2 Usability-Ziele

Die Usability, also die Benutzbarkeit, stellt in den Vordergrund, dass Anwendungen und Produkte effektiv zu nutzen und leicht zu erlernen sind. Auch hier spielt das positive Erlebnis des Users mit dem Produkt eine Rolle. Die verschiedenen Ziele der Usability, die typischerweise in Form von Fragen formuliert sind, werden im Folgenden näher ausgeführt. Der Interaction Designer erhält durch diese Fragestellungen konkrete Anhaltspunkte zur Bewertung unterschiedlicher Aspekte eines Produktes und dessen User Experience. Somit werden frühzeitig mögliche Konflikte und Probleme im Design ersichtlich.

Effectiveness als ein übergeordnetes Ziel beschreibt die Fähigkeit eines Produkts, seine vorgesehenen Funktionen erfolgreich auszuführen. Die zentrale Frage lautet: Inwiefern ermöglicht das Produkt den Nutzern, ihre Tätigkeiten effizient zu erledigen, benötigte Informationen abzurufen oder gewünschte Waren zu erwerben?[6]

Efficiency bezeichnet die Fähigkeit eines Produkts, Benutzer bei der Ausführung ihrer Aufgaben zu unterstützen. Ein Beispiel hierfür ist der Kauf von Online-Tickets. Sobald alle erforderlichen Daten eingegeben wurden, können diese in der Anwendung gespeichert und hinterlegt werden. Beim erneuten Kauf auf der Website beziehungsweise in der Anwendung, sind alle Daten bereits ausgefüllt. Die

---

[4] Vgl. Rogers/Sharp/Preece [2005], S. 24.
[5] Vgl. ebd.
[6] Vgl. Rogers/Sharp/Preece [2005], S. 20.

Fragestellung der *Efficiency* lautet: Wie viele Schritte sind erforderlich, um die gewünschte Zielhandlung abzuschließen?

Safety umfasst den Schutz vor gefährlichen Bedingungen und unerwünschten Situationen, sowohl extern als auch intern. Externe Bedingungen, wie bei der Bedienung von Röntgengeräten oder in Kontakt mit giftigen Chemikalien, erfordern die Fernbedienung von Computersystemen. Intern bezieht sich Sicherheit darauf, unbeabsichtigte Handlungen zu vermeiden und die Auswirkungen von Fehlern zu minimieren. Dies wird durch Designentscheidungen erreicht, die das Risiko von Fehlern reduzieren und Wiederherstellungsoptionen bieten, wie die Rückgängig-Funktion oder Bestätigungsdialoge, welche dem User die Möglichkeit geben, die Entscheidung zu überdenken. Sichere Systeme sollten Vertrauen schaffen und eine Erkundung der Benutzeroberfläche ermöglichen. Bei interaktiven Produkten meint *Safety*, dass das Auftreten von Fehlern des Nutzers verhindert und gleichzeitig das Risiko versehentlich falsche Tasten oder Schaltflächen auszuwählen, minimiert. Hier stellt sich die Frage: Welche Fehler können dem User bei der Verwendung unterlaufen und durch welche Maßnahmen kann ihm die Möglichkeit gegeben werden, dies abzuwenden oder sich davon leichter zu „erholen"?

Utility bezieht sich darauf, inwieweit ein Produkt die geeignete Funktionalität bereitstellt, um Benutzer bei der Durchführung ihrer benötigten oder gewünschten Aufgaben zu unterstützen. Beispielsweise weist ein Software-Zeichenwerkzeug eine geringe *Utility* auf, wenn Benutzer die Maus zum Zeichnen verwenden müssen, anstatt freihändig zeichnen zu können. Die Frage dazu lautet: Stellt das Produkt die Funktionen bereit, welche dem Nutzer erlauben, alle Aufgaben wie gewünscht auszuführen?

Learnability bezieht sich darauf, wie einfach es ist, ein Benutzung eines Produktes zu erlernen. Menschen streben im Allgemeinen danach, sofort mit grundlegenden Aufgaben zu beginnen, ohne großen Aufwand betreiben zu müssen. Dies gilt sowohl für Produkte des täglichen Gebrauchs wie soziale Medien als auch für solche, die seltener verwendet werden, wie zum Beispiel Online-Steuerformulare. Pop-Up-Tutorials können in solchen Fällen unterstützen, indem sie kontextbezogene Schritt-für-Schritt-Anleitungen mit praktischen Übungen bereitstellen. Eine entscheidende Überlegung ist daher, wie viel Zeit Benutzer bereit sind, für das Erlernen eines Produkts aufzubringen. Hier stellt sich die Frage: Kann sich der User die grundlegende Nutzung des Produktes - durch Ausprobieren und Erkunden – erarbeiten und es erlernen, in dem gewisse Aktionen ausprobiert werden? Wie aufwendig ist es, das Produkt auf diese Weise zu erlernen? Braucht es zusätzliche Lernhilfen?[7]

---

[7] Vgl. Rogers/Sharp/Preece [2005], S. 21.

Memorability beschreibt die Fähigkeit eines Benutzers, sich nach dem Erlernen eines Produkts leicht daran zu erinnern, wie es verwendet wird. Besonders wichtig ist dies für Aufgaben und interaktive Produkte, die selten genutzt werden. Wenn ein Benutzer eine bestimmte Funktion länger nicht mehr verwendet hat, sollte er sich entweder daran erinnern oder schnell daran erinnert werden können, wie sie genutzt wird, ohne sie erneut erlernen zu müssen. Dies kann jedoch problematisch sein, wenn die betreffenden Funktionen unklar, unlogisch oder schlecht strukturiert sind. Es ist daher erforderlich, Usern zu helfen, sich an die Abläufe zu erinnern, beispielsweise durch kontextbezogene Symbole, aussagekräftige Befehlsnamen und Menüoptionen, um die Abfolge von Operationen zu erleichtern. Bei diesem Usability Ziel kommt folgende Frage auf: Welche Formen von Schnittstellenunterstützung werden dem User gegeben, um Tätigkeiten, besonders selten ausgeübte, durchzuführen?[8]

Satisfaction richtet sich darauf, wie akzeptabel ein Produkt bei der Nutzung ist. Die Erfahrung diesbezüglich wird häufig gemessen, beispielsweise anhand von unterschiedlichen Zufriedenheitsskalen, bei denen Kunden nach der Nutzung eine Punktzahl von eins bis fünf angeben sollen. Am populärsten ist der Customer *Satisfaction* Score (CSAT). Die zentralen Fragen dabei sind: Was sind die Modal-, Median- und Mittel-Werte auf einer CSAT-Skala? Wie hoch ist der Anteil sehr zufriedener Nutzer? Wie viele Nutzer sind zufrieden mit dem Produkt, nachdem sie es für sechs Monate nicht genutzt haben?

Zusätzlich zur Operationalisierung von Usability-Zielen mittels konkreter Fragestellungen werden diese in Usability-Kriterien transformiert. Diese stellen spezifische Zielvorgaben dar, die es erlauben, die Usability eines Produkts anhand dessen Fähigkeit zur Verbesserung (oder Nicht-Verbesserung) der menschlichen Leistungsfähigkeit zu beurteilen. Typische Beispiele für verwendete Usability-Kriterien sind die Bearbeitungszeit einer Aufgabe (*Efficiency*), die Lernzeit für eine Aufgabe (*Learnability*) und die Anzahl von Fehlern, die bei der Ausführung einer bestimmten Aufgabe im Laufe der Zeit auftreten (*Memorability*). Diese Kriterien bieten quantitative Indikatoren für die Steigerung der Produktivität sowie die Verbesserung von Arbeits-, Schulungs- oder Lernprozessen.[9]

2.3 Designprinzipien

Designprinzipien dienen dazu, eine Leitlinie für die Gestaltung von Interaktionen zwischen Menschen und Computern bereitzustellen. Diese Prinzipien sollen Designern dabei helfen, effektive, benutzerzentrierte und intuitive Benutzeroberflächen zu

---

[8] Vgl. Rogers/Sharp/Preece [2005], S. 22 f.
[9] Vgl. Rogers/Sharp/Preece [2005], S. 23.

entwickeln.[10] Die Designprinzipien umfassen *Visibility*, *Feedback*, *Constraints*, *Consistency* und *Affordance*.

Die *Visibility* bezieht sich darauf, wie das User Interface gestaltet ist, um zu verdeutlichen, was der Nutzer als nächstes tun muss, um die Aufgabe weiterzuführen. Beispiel hierfür ist die Positionierung und Anordnung der verschiedenen Bedienelemente in einem Auto, wie Hupe, Blinker und Scheinwerfer, welche es dem Fahrer erleichtern, die gewünschte Handlung auszuführen.

Damit verknüpft ist *Feedback*, was beinhaltet, dass Informationen über die ausgeführte Aktion rückgesendet werden, damit User wissen, wie sie im Interface fortfahren können. Dabei kann es sich um auditives, verbales, visuelles oder taktiles *Feedback* und auch eine Kombination aus diesen Formen handeln. Durch *Feedback* kann die erforderliche Sichtbarkeit der User Interaction sichergestellt werden.

Die *Constraints* – oder auch Beschränkung – als Designkonzept bezieht sich darauf, Möglichkeiten zu finden, um die Arten von User Interactions zu begrenzen, die zu einem bestimmten Zeitpunkt möglich sind. In grafischen Benutzeroberflächen können beispielsweise Menüoptionen durch Grauschattierung deaktiviert werden, was die erlaubten Aktionen zu diesem Zeitpunkt der Aktivität einschränkt. Einer der Vorteile dieser Art der *Constraints* besteht darin, dass sie das Risiko von Fehlern durch die Auswahl falscher Optionen verringert. Auch das physische Design eines Geräts kann die Art und Weise beeinflussen, wio os vorwendet wird, wie zum Beispiel die Einwegrichtung von Schlüsseln in den meisten Türschlössern.[11]

Consistency bedeutet, dass User Interfaces in ihrem Design gewisse Regeln entwickeln und befolgen, indem für ähnliche Aktionen die gleichen oder ähnliche Elemente verwendet werden. Ein Beispiel für die *Consistency* bei der Bedienung einer Anwendung ist die Integration derselben Eingabeaktion, um grafische Objekte auf einem User Interface zu markieren, wie immer die Linke Maustaste zu betätigen. Eine inkonsistente Anwendung führt zur Unterbrechung dieser Regeln, beispielsweise wenn spezifische Texte mit der rechten Maustaste markiert werden, während alle weiteren Aktionen nur mit der linken Maustaste ausgeführt oder andere Objekte im Interface nur mit der linken Maustaste ausgewählt werden können. Die Willkür, welche durch Inkonsistenz entsteht, sorgt dafür, dass User beim Erlernen der Anwendung behindert werden und Fehleranfälligkeit ansteigt. Somit bewirkt *Consistency*, dass eine Benutzeroberfläche einfacher zu verwenden und zu erlernen ist.[12]

Affordance als Designprinzip meint, dass eine Eigenschaft eines Produktes dem User ermöglicht, die Verwendung zu wissen beziehungsweise zu erahnen. Je

---

[10] Vgl. Rogers/Sharp/Preece [2005], S. 27.
[11] Vgl. Rogers/Sharp/Preece [2005], S. 28 ff.
[12] Vgl. Rogers/Sharp/Preece [2005], S. 30.

wahrnehmungsoffen die *Affordance* eines Objektes ist, desto besser ist zu erkennen, wie dieses zu nutzen ist. Beispielsweise ermöglicht ein Tassenhenkel das Greifen, eine Maustaste das Klicken und ein Türgriff das Ziehen. Im Interaction Design meint es, dass User Interfaces offensichtlich machen, was bei der Nutzung gemacht werden kann. Demnach sind beispielsweise Symbole so zu designen, dass sie zum Klicken oder eine Scrollleiste zum Bewegen nach unten und oben einladen. *Affordance* soll dem User dabei helfen, durch die Anwendung geleitet zu werden und natürliches Erlernen vorantreiben.[13]

Für Interaction Designer stellen diese Designprinzipien eine Orientierung dar, was an einem User Interface jeweils umgesetzt und vermieden werden sollte. Anstatt exakt vorzugeben, wie eine Benutzeroberfläche aussieht oder aufgebaut werden sollte, bieten Designprinzipien eine Leitlinie für bestimmte Funktionen innerhalb des User Interfaces.[14] Nachdem in diesem Kapitel die Ziele der User Experience- und Usability-Ziele sowie die Designprinzipien als grundlegende Konzepte des Interaction Designs detailliert vorgestellt wurden, folgt im nächsten Abschnitt die HCI-Analyse der Marktplatz-App *Shpock*.

3 HCI-Analyse: Produktsuche und Kaufprozess auf *Shpock*

Shpock steht für „Shop in your Pocket"[15] und ist eine Marktplatz- und Kleinanzeigen-Plattform für Secondhand-Shopping.[16] Die App für Gebrauchtwarenhandel ist ein Unternehmen der *Finderly* GmbH aus Österreich[17] und wurde 2012 von Armin Strbac und Katharina Klausberger gegründet.[18] Innerhalb der Basisvariante ist Nutzung der Plattform für Käufer kostenfrei. User, die als Verkäufer auf der App tätig werden wollen, müssen, bevor Sie eine Anzeige online stellen, ein kostenpflichtiges Abonnement abschließen: *Shpock* Standard oder Premium. Darüber hinaus werden Add-on Premium-Features angeboten, mit denen die Verkäufer ihre Produkte und Anzeigen hervorheben und besonders sichtbar für Käufer machen, um sie noch besser beziehungsweise schneller verkaufen zu können.[19] *Shpock* ist für Mobile Devices – iOS sowie Android – und als Desktop-Version verfügbar.[20] Im Folgenden wird Produktsuche- und Kauf-Prozess über *Shpock* hinsichtlich der Usability, User Experience und Designprinzipien analysiert. So sollen Stärken und Schwächen in der Konzeption der App ersichtlich

[13] Vgl. Rogers/Sharp/Preece [2005], S. 30 f.
[14] Vgl. Rogers/Sharp/Preece [2005], S. 27.
[15] Vgl. Czycholl [2015], o. S.
[16] Vgl. *Shpock* [o. J.], o. S.
[17] Vgl. Czycholl [2015], o. S.
[18] Vgl. INiTS [2021], o. S.
[19] Vgl. Czycholl [2015], o. S.
[20] Vgl. Aschermann [2018], o. S.

werden. Ergänzend dazu werden Optimierungsvorschläge entwickelt sowie mögliche Testing-Szenarien entworfen.

3.1 Beschreibung der Interaktion

Um ein geeignetes Produkt zu finden, kann der Nutzer über die Entdecken-Sektion der App entweder die Such-Funktion nutzen, um konkrete Begriffe oder Stichwörter einzugeben oder es können die unterschiedlichen Produktkategorien geöffnet und durchsucht werden. Die Suchergebnisseite zeigt daraufhin alle relevanten Anzeigen (Abbildung 2).

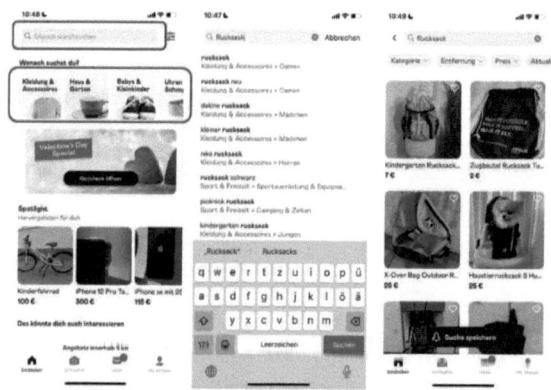

Abbildung 2: Suchleiste & Produktkategorien
(Quelle: Eigene Darstellung in Anlehnung an *Shpock* App [2024], o. S.)

Sobald ein Produkt passend erscheint, kann die Anzeige geöffnet werden. Auf der Produktdetailseite finden sich alle relevanten Produkteigenschaften sowie die Möglichkeit, dem Verkäufer öffentliche Fragen zu stellen. Über den Button „Angebot machen" kann der Käufer dem Verkäufer ein Preisangebot unterbreiten und eine optionale Nachricht verschicken.

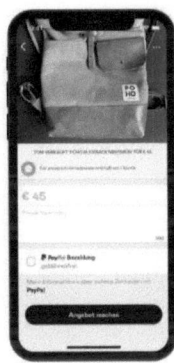

Abbildung 3: Öffentliche Fragen & Angebot machen
(Quelle: Eigene Darstellung in Anlehnung an *Shpock* [o. J.], o. S.)

Im privaten Chat werden dann der Kaufpreis und Konditionen wie Versand- und Zahlungsmethoden – wie Bar- oder PayPal-Zahlung - kommuniziert. Wenn der Preis von beiden akzeptiert wurde, können jegliche sensible Daten ausgetauscht und der Handel abgewickelt werden (Abbildung 3).[21]

3.2 Usability Ziele

Effectiveness spielt bei der Produktsuche gleich zum Einstieg eine Rolle. In verschiedenen Kategorien wie Elektronik, Kleidung, Möbel, Filme und Bücher oder auch Fahrzeuge und Immobilien können User gebrauchte und neue Produkte suchen. Zusätzlich gibt es eine Suchfunktion mit Filtern, die eine detaillierte Suche ermöglicht, wobei als Filter Produktkategorie, Entfernung, Preis, Aktualität, Zustand und Sortierung zur Auswahl stehen. So kann der Käufer seine Suche effektiv eingrenzen und schnell fündig werden. Der Nutzer gibt einen Suchbegriff ein, es wird eine passende Auswahl an Produkten vorgeschlagen, er klickt auf die Anzeige, kann ein Angebot machen und kaufen. Der Prozess ist dementsprechend ohne Verzögerung oder Hindernisse konzipiert und die Zielhandlung kann unmittelbar erreicht werden. Hat ein User Interesse an einem Produkt, kann er auf der Produktdetailseite eine öffentliche Frage posten. Also sind nützliche Informationen und häufig gestellte Fragen anderer Benutzer sichtbar, was zeitsparend und effizient ist. Kommt es zu einem Angebot, befinden sich Käufer und Verkäufer in einem gemeinsamen Privatchat. Benötigt der Käufer an dieser Stelle Hilfe oder Support, muss er dafür nicht das Chat-Fenster verlassen. Der erforderliche Button zum Kontakt des Supports ist im Messenger integriert (Abbildung 4).

---

[21] Vgl. *Shpock* App [2024], o. S.

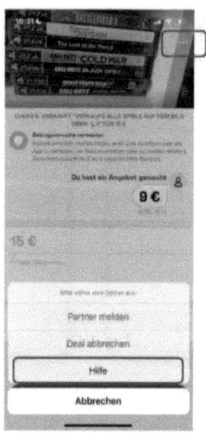

Abbildung 4: Support-Kontakt im Chat
(Quelle: Eigene Darstellung in Anlehnung an *Shpock* App [2024], o. S.)

Außerdem besitzt *Shpock* in puncto *Efficiency* diverse Features, die Käufer in der Usability unterstützen. So kann der Nutzer, falls ihm ein Produkt gefällt, über eine Share-Funktion für Facebook, WhatsApp und weitere Dienste, die Anzeige anderen Personen weiterleiten. Der User kann ebenfalls über die Anzeige auf das Profil des Verkäufers gelangen, um weitere Inserate von diesem Nutzer zu durchsuchen (Abbildung 5).

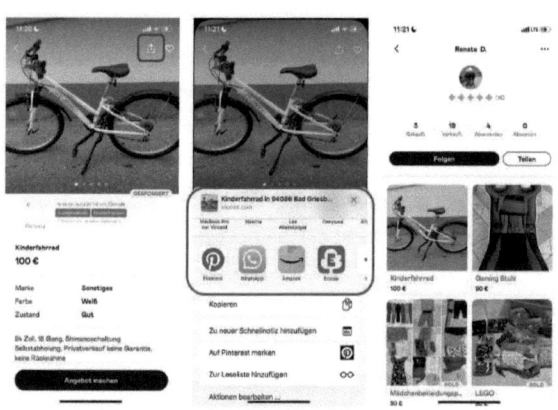

Abbildung 5: Anzeige teilen & Verkäufer-Profil
(Quelle: Eigene Darstellung in Anlehnung an *Shpock* App [2024], o. S.)

Des weiteren wird die Produktsuche effizienter, da *Shpock* die zuvor beschriebenen Filter an die Suchbegriffe anpasst. Sucht ein User beispielsweise nach dem Begriff „Smartphone", so fügt die App weitere Filter wie Marke und Farbe hinzu. Die Filtereinstellungen selbst sind auch effizient gestaltet. So ist bei Auswahlbereichen oder

Fenstern, bei denen Zahlen eingegeben werden, ausschließlich die Zahlen-Tastatur integriert. Somit muss der Benutzer nicht manuell von Buchstaben-Tastatur zu Zahlen-Tastatur wechseln (Abbildung 6).

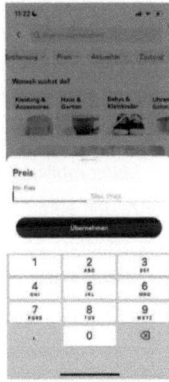

Abbildung 6: Zahlentastatur im Preisfilter
(Quelle: Eigene Darstellung in Anlehnung an *Shpock* App [2024], o. S.)

Shpock weist in Bezug auf *Safety* grundlegende Vorkehrungen und Features auf, die die Nutzung sicher machen und User vor Gefahren schützen sollen. Jeder Nutzer, muss dessen neu erstellten Account entweder per SMS oder E-Mail-Adresse verifizieren, um Zugang zur Plattform zu erhalten. Darüber hinaus können den Nutzern anhand der Rezensionen, die zu den Käufern und deren Anzeigen abgegeben werden, Unsicherheiten und betrügerische Aktivitäten minimiert werden. Die zuvor beschriebenen Features sowie der grundlegende dargestellte Such- und Kaufprozess zeigen für den User von *Shpock* alle erforderlichen und wesentlichen Funktionalitäten, um Produkte online beziehungsweise per App zu kaufen. Im Sinne der *Utility* erfüllt *Shpock* also diesen Usability Aspekt. Dazu können User entweder die App oder die Website beziehungsweise Desktop Version der Plattform nutzen. Somit sind die Nutzer nicht bei dem Endgerät oder auf App-Installation beschränkt. Um das Erlernen und Erproben der Anwendung zu ermöglichen, ist der Aufbau und die Struktur der App stark an der populäreren Kleinanzeigen-App orientiert. Dadurch sind die wesentliche Nutzung und Aufteilung der Plattform in deren Features bekannt – auch für neu registrierte User. Die Symbolik des Like-Buttons zum Merken als Herz sowie der Share-Button zum Teilen auf der Anzeigenseite, aber auch die des Filter-Buttons auf der Startseite sind familiär, simpel und dadurch wiedererkennbar sowie leicht zu erlernen (Abbildung 7).

Abbildung 7: Symbole der Filter-, Merken- & Teilen-Buttons
(Quelle: Eigene Darstellung in Anlehnung an *Shpock* App [2024], o. S.)

Dies kommt auch der *Memorability* zugute. Die App ist klar in ihre vier wesentlichen Hauptsektionen Entdecken, Verkaufen, Inbox und My*Shpock* aufgeteilt, was dem Nutzer das Erproben der Anwendung und ihrer Funktionen erleichtert. Die Wordings unterstützen dabei, die für Käufer und Interessenten relevanten und irrelevanten Bereiche zeitnah zu identifizieren und zu verstehen. Für die *Memorability* als kaufender User ist ein Feature wie die Merkliste, die gespeicherte Anzeigen sammelt, integriert. Zusätzlich können Suchaufträge erstellt und gespeichert werden. Somit wird der Suchprozess im Hintergrund – beim Verlassen der App – weitergeführt und der User erhält Push-Nachrichten, sobald neue Produkte, welche zu den gespeicherten Suchkriterien passen, inseriert werden. Dadurch wird nicht nur die *Memorability*, sondern auch die *Efficiency* und *Utility* der App verbessert (Abbildung 8).

Abbildung 8: Suche speichern & Suchauftrag erstellen
(Quelle: Eigene Darstellung in Anlehnung an *Shpock* [o. J.], o. S.)

Ebenfalls können Käufer unter der My*Shpock* Sektion die Merk- und Kaufen-Liste aufrufen, in welcher alle Anzeigen gelistet sind, zu welchen der User Angebote gemacht, Fragen gestellt sowie welche er sich gemerkt oder bereits gekauft hat (Abbildung 9).

Abbildung 9: Merk- & Kaufen-Liste
(Quelle: Eigene Darstellung in Anlehnung an *Shpock* App [2024], o. S.)

Der Interessent kann also nicht bloß seine Kaufhistorie, sondern auch alle anderen sämtlichen Aktivitäten nachverfolgen und unmittelbar erinnern – selbst nach längerer Abwesenheit.

3.3 User Experience-Ziele

Die User Experience eines Interessenten oder Käufers auf der Plattform soll zum einen motivierend und herausfordernd sein. Dafür sorgt beispielsweise die beschriebene Kaufen-Liste als Übersicht, was bereits alles erworben wurde. Außerdem kann der Nutzer sehen, wie viele Verkäufer er bereits abonniert hat. Die Motivation und Herausforderung weitere Produkte zu finden und preiswert zu kaufen soll gesteigert werden. Ebenso führen etwaige Social Media-Komponenten wie das Anlegen eines Profils inklusive Benutzerbild, Steckbrief und dem Folgen anderer User zu einer unterhaltsamen und spaßbehafteten Nutzererfahrung. Die Natur des privaten Gebrauchtwarenhandelns enthält eine gewisse soziale Komponente, welche auch bei der User Experience zum Vorschein kommt – Stichwort „enhancing sociability". Dies wird durch Features, um persönlich miteinander in Kontakt zu treten, auch öffentlich über die Anzeigenfragen, verfolgt. An anderer Stelle wird erneut der Fokus deutlich, dass effizient und zeitsparend geeignete Produkte ausfindig gemacht werden sollen. So auch dadurch, dass die häufigsten Suchanfragen anderer User beim Klick in die Suchleiste erscheinen (Abbildung 10).

Abbildung 10: Häufigste Suchanfragen
(Quelle: Eigene Darstellung in Anlehnung an *Shpock* App [2024], o. S.)

Interessenten sollen – wie beim Shopping in der Innenstadt – durch die App „bummeln"
und einen Flow entwickeln, in welchem sie nicht mehr bloß nach dem einen gesuchten
Produkt, sondern ebenso nach anderen potenziell passenden Artikeln stöbern. Die
Nutzererfahrung insgesamt erscheint sehr simplifiziert und ausgerichtet auf
zeitsparende, schlanke Such- sowie Kaufprozesse.

3.4 Designprinzipien

Um den allerersten Schritt der Produktsuche hervorzuheben und sichtbar zu machen
(*Visibility*), hebt sich die Suchleiste in der Farbe grau vom weißem Hintergrund ab
(Abbildung 10). Auch die darunter liegenden Kategorien sind prominent und als große
Kacheln mit Abbildungen angeordnet (Abbildung 2). Auch die Aktions-Buttons Merken
und Teilen auf der Anzeigenseite sind in adäquater Größe in der rechten oberen
Bildschirmecke platziert, was auch von diversen anderen Apps wie Kleinanzeigen
bekannt ist. Hinzu kommt, dass der Smartphone-User sein Device nicht anders oder
umgreifen muss, um diese Aktionen auszuführen. Er kann alles mit der Hand, mit der
das Endgerät gehalten wird, bedienen. Im Above The Fold der Entdecken-Sektion ist die
Rubrik „Das könnte dich auch interessieren" noch mit dem Titel zu erkennen, wodurch
der User eine Art Teaser erhält, jedoch auch lernt, dass dieser Screen weiter nach unten
scrollbar ist. Dafür konnte vermutlich auf eine Scrollbar verzichtet werden, was wiederum
die App weiter reduzierter und „schlanker" im Design macht (Abbildung 11).

Abbildung 11: Above The Fold-Teaser - Das könnte dich auch interessieren
(Quelle: Eigene Darstellung in Anlehnung an *Shpock* App [2024], o. S.)

Die Filter bei der Produktsuche sind nach allgemeiner Wichtigkeit sortiert. Potenziell relevantere Faktoren zur Filterung der Ergebnisse, wie Kategorie und Preis, werden vor Aktualität und Sortierung platziert. Ein Filter, der ausgewählt beziehungsweise angepasst wurde, erscheint ganz vorn. Sind alle Filter ausgewählt, gilt die ursprüngliche Reihenfolge (Abbildung 12).

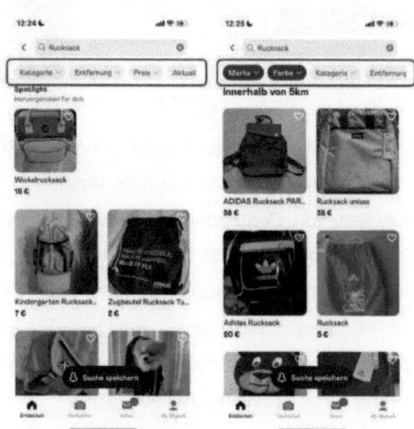

Abbildung 12: Filter-Sortierung & -Farbgestaltung
(Quelle: Eigene Darstellung in Anlehnung an *Shpock* App [2024], o. S.)

Auf den Ergebnisseiten sind lediglich zwei Produkte oder Anzeigen nebeneinander dargestellt, wodurch der Screen übersichtlicher und die einzelnen Ergebnisse sichtbarer sind. Dies ist auch eine *Consistency*. Um den User weiter zur Zielhandlung zu führen, ein Angebot für ein Produkt abzugeben, werden die Anzeigenbilder verhältnismäßig sehr groß dargestellt, während Titel und Preis kleiner dargestellt werden. Der Klick auf die Anzeige soll unmittelbar herbeigeführt und deutlich gemacht werden. In der App erhält der Nutzer ausschließlich visuelles *Feedback*. Taktiles oder auditives *Feedback* durch Signaltöne oder Vibration sind nicht im Design integriert. Zum Beispiel durch eine Layer Meldung beim Melden eines Artikels oder sobald ein zu niedriges Angebot für ein Produkt abgegeben wird. Diese Meldung muss bestätigt werden, damit der Nutzer zum App Screen zurückkehren kann. Liked ein User ein Produkt, beziehungsweise markiert es für die Merkliste, oder erstellt einen Suchauftrag, erscheint ein temporärer Pop-Up mit der Bestätigung der ausgeführten Aktion (Abbildung 13).

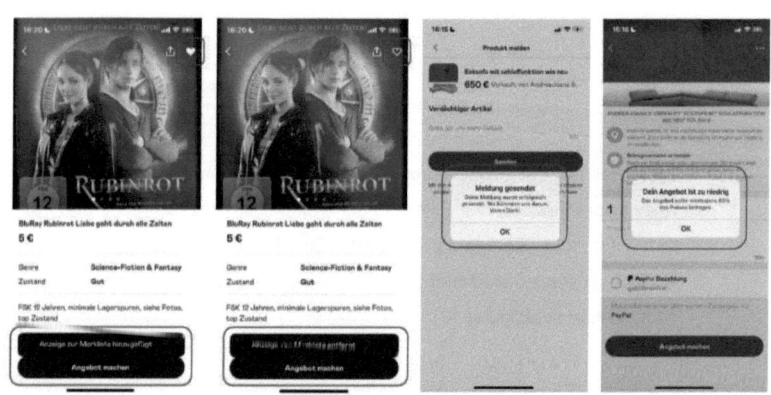

Abbildung 13: In-App Meldungen als Feedback
(Quelle: Eigene Darstellung in Anlehnung an *Shpock* App [2024], o. S.)

Im User Flow eines Käufers sind keinerlei *Constraints* integriert. *Shpock* greift ausschließlich auf die genannten *Feedback*-Konzepte zurück. Im Design von *Shpock* sind vereinzelt Elemente zum Aufbau von *Consistency* zu finden. Beispielsweise sind jegliche Anzeigentypen und Produktkategorien stets identisch im Aufbau und Format, sowohl auf der Ergebnisseite als auch auf der Produktdetailseite, unabhängig von der Produktart. Außerdem sind Buttons, die eine Schlüssel-Funktion haben beziehungsweise konkrete Call To Actions, wie „Angebot machen", „Suche speichern" oder „Folgen" in schwarz mit weißer Schrift gestaltet (Abbildung 14).

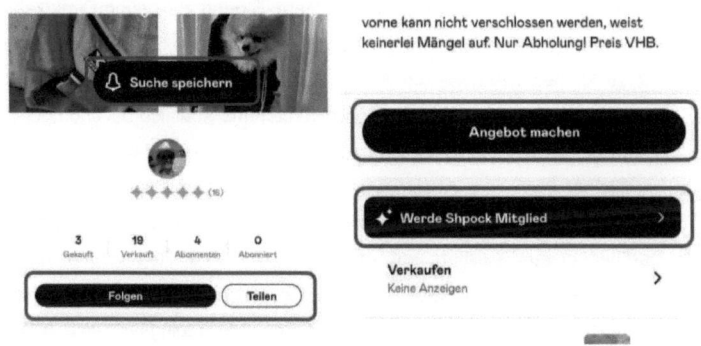

Abbildung 14: Call To Action-Buttons
(Quelle: Eigene Darstellung in Anlehnung an *Shpock* App [2024], o. S.)

Ebenso auffällig ist, dass der User innerhalb der App ausschließlich nach unten und rechts scrollen kann (und jeweils wieder zurück). Andere Möglichkeiten der Navigation sind nicht gegeben. Auch die aktuell ausgewählte Haupt-Sektion wie „Entdecken" ist dunkelgrau markiert und somit von den übrigen Sektionen in hellgrau farblich separiert Dieser Aspekt kommt auch der *Consistency* zugute: Jedes Element in dunkelgrau gilt als aus- oder angewählt. In Bezug auf das Designprinzip der *Affordance* lässt sich erkennen, dass durch die konkrete Benennung der Buttons wie „Angebot machen", „Folgen" und ebenfalls die ausgiebige Verwendung von Symbolen, erscheint die Benutzeroberfläche reduziert sowie direkt. Dadurch wird der User wenig überfordert und kann Features ungezwungener erkunden beziehungsweise Buttons in deren Funktionen erahnen.

3.5 Optimierung & Testing

Aufgrund der vorherigen Analyse von *Shpock* bezüglich der Usability- und User Experience Ziele sowie der angewandten Designprinzipien im Kaufprozess und der damit verbundenen Produktsuche, lassen sich gewisse Schwachpunkte identifizieren, welche durch folgende in-App Optimierungen ausbalanciert werden können.

Um die *Safety* beziehungsweise Sicherheit für Käufer in der App zu optimieren, kann eine Funktion zum Käuferschutz durch Direkt-Zahlung über *Shpock* implementiert werden. Dabei werden ebenfalls weitere Payment Services angebunden, wie Klarna, Banküberweisung, Kreditkarte oder Apple Pay. Somit würde auch die *Effectiveness* optimiert werden, da es mehr Möglichkeiten gibt, Produkte zu kaufen. Verkäufer, welche Anzeigen erstellen, wählen dazu „*Shpock* Payment" (Fiktiver Name) als Zahlungsmöglichkeit aus und die Besucher der Produktseite können direkt bei einem Deal über *Shpock* zahlen. Die Transaktion ist somit abgesichert und findet nicht mehr extern statt. Zur Validierung und Erfolgsmessung kann ein A/B-Test durchgeführt

20

werden, bei dem eine Gruppe von Nutzern Zugang zur neuen Direktzahlungsfunktion hat, während die andere Gruppe weiterhin externe Zahlungsdienste verwenden muss. Hierzu können KPIs wie die Anzahl abgeschlossener Transaktionen mit der neuen Zahlungsart und die Anzahl der Beschwerden und Konflikte bei und über Zahlungen im Vergleich der beiden Testgruppen untereinander betrachtet werden. Außerdem kann unmittelbar nach dem Abschluss des Deals durch eine kurze einstufige *Satisfaction Survey* ein erstes grobes Stimmungsbild der Testgruppe eingeholt werden.

Darüber hinaus existiert auf der Plattform keine Regulierung hinsichtlich nicht jugendfreier Produkte, wie zum Beispiel Videospiele oder Filme ab 18 Jahren. Minderjährige Käufer können für solche Produkte uneingeschränkt Angebote senden und die Artikel erwerben. Aus dem Grund benötigt die App die Integration von Jungendschutz-Maßnahmen für Käufer. Annoncierte Produkte können vor der Veröffentlichung geprüft werden und dementsprechend für diese Anzeigen ist eine Altersverifizierung des Interessenten erforderlich – zum Beispiel durch einen Upload-Bereich für Personaldokumente. Um diese Anpassung in ihrer Wirksamkeit zu testen, könnte nach der Integration der Altersverifizierung anhand der Anzahl der nicht jugendfreien Produkte, die von Minderjährigen gekauft wurden oder der abgelehnten Verifizierungen betrachtet werden.

Des weiteren sollten alle Informationen bezüglich der verfügbaren Versandoptionen oder Bezahlmethoden auf der Produktdetailseite platziert werden, anstatt sie bei jedem Angebot erneut im Chatfenster besprechen zu müssen. Nutzer, die Interesse haben, erhalten dadurch direkt Auskunft über diese essenziellen Informationen zur Kaufentscheidung. Und Käufer, welche ein Angebot machen, haben somit mehr Transparenz und die Preisverhandlung ist effizienter sowie zeitsparender. Die Einführung der neuen Layoutstruktur und der erweiterten Produktdetailseite kann durch ebenfalls durch A/B-Tests auf Wirksamkeit geprüft werden. Eine Nutzergruppe bekommt die neue Variante angezeigt. Im Laufe des Tests können KPIs wie durchschnittliche Verweildauer auf der Anzeigenseite, durchschnittliche Zeitspanne von Angebot bis Transaktion sowie Anzahl der abgeschlossenen Käufe betrachtet werden.

Auch wenn das öffentliche Frage-Antwort Feature für andere Interessenten hilfreich und relevant sein kann, könnte die Integration eines separaten Messengers mit Kamera-Funktion für private Chats die Usability effizienter machen. Jene Nutzer, welche dem Verkäufer Fragen stellen möchten, die nicht öffentlich sein sollen, oder weitere Fotos zu sehen wünschen, können so auf unmittelbarem Weg ihre Zielhandlung ausführen. Private Fragen sollten nicht nur gestellt werden können, wenn man ein Angebot abschickt. Der Prozess soll dadurch für Interessenten mit Kaufabsicht effizienter gestaltet werden. Bei dem A/B-Test erhält die Testgruppe den Messenger für private

Konversationen zwischen Interessent und Verkäufer, während gleichzeitig das öffentliche Fragen-Feature deaktiviert wird. Anhand der Anzahl privater Chats pro Anzeige oder der Häufigkeit der Nutzung des Messengers kann die Wirksamkeit gemessen werden. Es können auch für diese Funktion *Satisfaction* Surveys unmittelbar im Chat selbst als Layer eingeblendet werden, um die individuelle Nutzerzufriedenheit zu erfragen.

Da im Design der App, wie zuvor beschrieben, bisher ausschließlich visuelles *Feedback* an den User gegeben wird, könnte in Betracht gezogen werden, für die letztliche Zielhandlung des Users, nämlich die Akzeptanz des Angebotes und der Kauf, ein *Feedback* Design zu implementieren. So könnte eine visuelle „Celebration"-Animation mit beispielsweise gleichzeitiger Vibration die User Experience hinsichtlich der Aspekte fun, rewarding oder auch entertaining verbessern. Außerdem kann die Integration von Profile Badges wie „Besonders zuverlässig", „Antwortet schnell" oder „Super Nachhaltig" mit einem Ranking-System von beispielsweise Level eins bis fünf die User Experience hinsichtlich der Aspekte wie motivating, fun, satisfying, rewarding, emotionally fulfilling und challenging verbessern. Durch eine solche Gamification können User, die nach Produkten suchen, dazu gebracht werden, einen Flow zu entwickeln und die Aktivität zu steigern. Der Erfolg dieser Anpassungen kann gemessen werden, indem man die monatliche Aktivität der User oder ihre Transaktionsquote im Verhältnis zum vorherigen Zeitpunkt betrachtet. Genauso können hier aber auch In-App Feedback Umfragen eingesetzt werden – besonders für die Messung von Aspekten wie satisfying und emotionally fulfilling.

Wie die Analyse offenlegt, sind im Design der Plattform keine Constraints beziehungsweise Beschränkungen zu finden. Die Ergebnisseite mit den relevanten Anzeigen, auf welcher der Nutzer das passende Produkt finden muss, ist nicht in ihrer Länge oder Anzahl an Produkten begrenzt. Der User kann also beliebig lange scrollen und muss letztlich den gesamten Weg wieder nach oben swipen. So könnte die Integration von Ergebnisseiten mit jeweils einer bestimmten Anzeigenanzahl pro Seite, oder auch ein „Back to Top"-Button im unteren rechten Bildschirm die Benutzbarkeit in Bezug auf die Produktsuche verschnellern und optimieren. Dazu können KPIs wie die durchschnittliche Anzahl an Anzeigenklicks pro Transaktion oder auch die Dauer von Suchanfrage bis Transaktion herangezogen werden.

Nachdem durch die vorangegangene Untersuchung der Usability, User Experience sowie Designprinzipien von *Shpock* die möglichen Optimierungspotenziale aufgezeigt wurden, werden im Folgenden im Fazit die Untersuchungsergebnisse konkludiert und ein Ausblick gegeben.

4 Fazit

Anhand der Analyse des Kauf- und Suchprozesses lässt sich in Bezug auf die Usability Ziele festhalten, dass *Shpock* den Nutzern, welche nach Produkten suchen und diese kaufen möchten, eine effektive und einfach zu erlernende Gesamtlösung bietet. Dies wird vordergründig durch die reduzierte Benutzeroberfläche, die klare Struktur inklusive ähnlichem Aufbau wie verwandter Anwendungen und das Schlichte Layout mit deutlichen Bezeichnungen der essenziellen Befehle umgesetzt. Die Untersuchung zeigt, dass durch die User Experience eines Interessenten und Käufers auf der Plattform vor allem motivierend, herausfordernd, unterhaltsam, spaßig und geselligkeitsfördernd sein soll. Der sichtbare Fokus auf Effizienz, Simplicity und Lean Design wird durch die verfügbaren Features und den (Layout-)Aufbau sowie Gestaltung stark vermittelt. Es ist anzumerken, dass diese Arbeit lediglich einen Teil der App untersucht. Für eine umfängliche und ganzheitliche Analyse der User Experience und Usability von *Shpock* ist es erforderlich, ebenso den Verkaufsprozess darzustellen und aus Sicht des Interaction Designs zu beleuchten. Des weiteren exkludiert die Analyse die Monetarisierung, da ausschließlich die Benutzeroberfläche und die Funktionen von *Shpock* als relevante Interaktion im Vordergrund stehen sollten. So ist es möglich, dass abhängig von den Monetarisierungsstrategien innerhalb der App weitere Aspekte der Usability und User Experience kritisch betrachtet werden müssen. Beispielsweise können gewisse Platzierungen von Paywalls oder Display Advertising in Form von Bannern zu unerwünschten Aspekten, wie Frustration, in der Nutzererfahrung führen. Auch könnte dies ein gewisses Störempfinden in der Usability auslösen, da die Erreichung der Zielhandlung durch versehentliche Handlungen (Klick auf eine Anzeige) behindert wird. Durch die weitere Forschung und Analyse dieser Anwendungsbereiche von *Shpock* können die beschriebenen Limitationen dieser Arbeit aufgelöst werden, was letztlich ein ganzheitliches Optimierungskonzept vervollständigt.

III. Literaturverzeichnis

Aschermann, T. [2018]

Shpock am PC nutzen – so geht's, verfügbar unter:
https://praxistipps.chip.de/*shpock*-am-pc-nutzen-so-gehts_47844 (09.02.2024).

Czycholl, H. [2015]

Die App, die Second-Hand-Geschenke findet. Verfügbar unter:
https://www.welt.de/wirtschaft/webwelt/article149928759/Die-App-die-Second-
Hand-Geschenke-findet.html (09.02.2024).

INiTS [2021]

Shpock. Übernahme: *Shpock* ist wieder (fast) österreichisch, verfügbar unter:
https://www.inits.at/uebernahme-*shpock*-ist-wieder-fast-
oesterreichisch/#:~:text=2012%20von%20Katharina%20Klausberger%20und,se
iner%20Flohmarkt%2DApp%20schnell%20expandieren. (09.02.2024).

Rogers, Y./ Sharp, H./ Preece, J. [2005]

Interaction Design: beyond human-computer interaction. Indianapolis: John
Wiley and Sons 2005.

Shpock [o. J.]

Was ist *Shpock*?, verfügbar unter: https://www.*Shpock*.com/de-de (09.02.2024).

Kaufen auf *Shpock* – Schritt für Schritt, verfügbar unter:
https://www.*shpock*.com/de-de/help/360015820537 (09.02.2024)

Shpock App [2024]

Above The Fold-Teaser - Das könnte dich auch interessieren, verfügbar unter:
https://apps.apple.com/de/app/*shpock*-kaufen-und-verkaufen/id557153158,
Pfad: Entdecken > Das könnte dich auch interessieren (09.02.2024).

Anzeige erstellen und Produkte verkaufen, verfügbar unter:
https://apps.apple.com/de/app/*shpock*-kaufen-und-verkaufen/id557153158,
Pfad: Anmeldung > Verkaufen > Jetzt verkaufen (09.02.2024).

Anzeige teilen & Verkäufer-Profil, verfügbar unter:
https://apps.apple.com/de/app/*shpock*-kaufen-und-verkaufen/id557153158,
Pfad: Entdecken > Anzeige auswählen > Teilen (09.02.2024).

Call To Action-Buttons, verfügbar unter: https://apps.apple.com/de/app/shpock-kaufen-und-verkaufen/id557153158, Pfad: Entdecken > *Shpock* durchsuchen > Suche speichern; Anzeige auswählen > Verkäufer-Profil > Folgen; My*Shpock* > Werde *Shpock* Mitglied; Anzeige Auswählen > Angebot machen (09.02.2024).

Filter-Sortierung & -Farbgestaltung, verfügbar unter: https://apps.apple.com/de/app/*shpock*-kaufen-und-verkaufen/id557153158, Pfad: Entdecken > Filter > Filter auswählen (09.02.2024).

Häufigste Suchanfragen, verfügbar unter: https://apps.apple.com/de/app/*shpock*-kaufen-und-verkaufen/id557153158, Pfad: Entdecken > *Shpock* durchsuchen (09.02.2024).

In-App Meldungen als Feedback, verfügbar unter: https://apps.apple.com/de/app/*shpock*-kaufen-und-verkaufen/id557153158, Pfad: Entdecken > Anzeige auswählen > Merken; Entdecken > Anzeige auswählen > Angebot machen > Preis zu niedrig; Entdecken > Anzeige auswählen > Angebot machen > Partner melden > Grund auswählen > Senden (09.02.2024).

Merk- & Kaufen-Liste, verfügbar unter: https://apps.apple.com/de/app/*shpock*-kaufen-und-verkaufen/id557153158, Pfad: My*Shpock* > Merkliste; My*Shpock* > Kaufen (09.02.2024)

Produkte suchen und kaufen, verfügbar unter: https://apps.apple.com/de/app/*shpock*-kaufen-und-verkaufen/id557153158, Pfad: Anmeldung > Entdecken > *Shpock* durchsuchen (09.02.2024).

Suchleiste & Produktkategorien, verfügbar unter: https://apps.apple.com/de/app/*shpock*-kaufen-und-verkaufen/id557153158, Pfad: Entdecken > *Shpock* durchsuchen (09.02.2024).

Support-Kontakt im Chat, verfügbar unter: https://apps.apple.com/de/app/*shpock*-kaufen-und-verkaufen/id557153158, Pfad: Entdecken > Anzeige auswählen > Angebot machen > Optionen > Hilfe (09.02.2024).

Symbole der Filter-, Merken- & Teilen-Buttons, verfügbar unter: https://apps.apple.com/de/app/*shpock*-kaufen-und-verkaufen/id557153158, Pfad: Entdecken > Filter; Entdecken > Anzeige auswählen (09.02.2024).

Zahlentastatur im Preis-Filter, verfügbar unter: https://apps.apple.com/de/app/*shpock*-kaufen-und-verkaufen/id557153158, Pfad: Entdecken > Filter > Preis festlegen (09.02.2024).